Ulrich Mattner

schau lust

im Frankfurter Bahnhofsviertel

für Diana

Henrich Editionen

Ulrich Mattner
SchauLust – im Frankfurter Bahnhofsviertel

ISBN 978-3-96320-021-2

Bildnachweis: Ulrich Mattner

Layout und Satz: Saskia Burghardt, Henrich Druck + Medien GmbH
Gesamtherstellung: Henrich Druck + Medien GmbH, Frankfurt am Main

www.henrich.de

schau rein

Dieses Buch zeigt – unaufgeregt und ohne Sensationshascherei – das Frankfurter Bahnhofsviertel in allen Facetten. Das Schräge und Lebendige, das Fröhliche und Traurige – Ulrich Mattner bringt es auf den Punkt. Die Fotos sind typisch für unseren Alltag, den viele hier, wohl nicht ganz zu Unrecht, als den täglichen Wahnsinn bezeichnen. Seit 40 Jahren bin ich vor Ort. Immer noch faszinieren mich aufs Neue die Gegensätze, die Vielfalt und der rasante Wandel vor meiner Tür. Hier bekommt jeder seinen Raum. Keiner stört. Ulrich Mattner hat mit großer Sensibilität die Seele des Viertels eingefangen. Man sieht den Bildern seine Begeisterung und Faszination für diesen außergewöhnlichen Stadtteil an.

Nazim Alemdar (Mr. YokYok)

rund schau

Sex and Crime. Gut und Böse. Himmel und Hölle: Das Bahnhofsviertel ist wie ein Abenteuerfilm. Mit ständig wechselnden Schauspielern. In Endlosschleife. Von den Luxuslofts in der Elbestraße fällt der Blick auf Straßenstrich und Drogenelend. Unten Sex für fünf Euro. Oben freier Blick in den Taunus. Im Bahnhofsviertel treffen Banker auf Bettler. Bars grenzen an Basare. Neben den Bordellen feiert die Bohéme. Das Viertel in Zahlen: knapp 4.000 Einwohner, 8.000 Hotelbetten, rund 12.000 Arbeitsplätze. Fast täglich produziert es Schlagzeilen. Razzien und Messerstechereien. Szenepartys, Filmdrehs und Vernissagen. Der Stadtteil ist einmalig. New York Times und Londoner „Guardian" schwärmen von der „New Sexiness" des Redlight-Districts. Von hipper Szene und Multi-Kulti. Den deutschen Boulevard interessieren eher Rotlicht und Drogen. Einig sind sich alle: Ohne diesen abenteuerlichen Stadtteil würde Frankfurt als „kleine Weltstadt" etwas Wesentliches fehlen.

Das Laufhaus lockt. An Wochenenden sind täglich bis zu 30.000 Männer in den 13 Häusern des Rotlichtviertels unterwegs.

Sexy

Taunusstraße um 5.30 Uhr:
Nachtschwärmer treffen Frühaufsteher.

SHOWCENTER-SEXYLAND
VIDEOS
VIDEO

Krimi-Kreuzung:
Mehr als 1.000 Delikte registriert die Polizei jährlich am Schnittpunkt Taunus-/Elbestraße.

POLIZEI
TAXI

Parallelwelten: Während die Partyszene in der Münchener Straße feiert, durchkämmt die Polizei Bars und Bordelle in der Taunusstraße. Außer ein bisschen Crack und Heroin bringen die Razzien wenig. Die Dealer sind der Polizei meist einen Schritt voraus. Sie haben ein gutes Warnsystem. Solange ihre Kasse stimmt, wird der Drogenfluss nicht versiegen.

Bankerblick aufs
Bahnhofsviertel:
Aussicht von der
Vorstandstoilette der
Commerzbank.

Fassadenputz am Silberturm (links). Kunstinstallation im Gallileo-Art-Tower (oben). Büroturm „Skyper“ (rechte Seite).

Seit die Broker der Deutschen Bank ins Bahnhofsviertel gezogen sind, laufen die größten Deals nicht mehr in der Elbestraße.

Blick vom „Belvederche", einem Türmchen über der Kaiserstraße.

schau bühne

Das Leben pulsiert auf der Straße. Balkone sind Logenplätze, Straßencafés das Parkett. Showtime herrscht rund um die Uhr. Straßenprostituierte locken mit dezenter Gestik. Nur Kenner kennen die versteckten Signale. Straßenprostitution ist im Viertel verboten. Nebenan wechseln ein paar „Steine" Crack den Besitzer. Ein Betrunkener schwankt um die Ecke. „Komm raus", ruft eine kräftige Dame und hämmert gegen die Tür einer alten Kneipe. Drinnen hat sich ihr Mann verbarrikadiert. Mit grellen Sirenen rauscht ein Krankenwagen Richtung Drogenszene. Allabendlich feiern hunderte vor dem „YokYok" und dem „Plank" Feierabend. Stimmengewirr und Lachen hallen durch die Münchener Straße. Schon früh am Morgen schwillt der Lautstärkepegel an. Dann fallen die städtischen Kehrmaschinen ein. Bis in die späten Nachtstunden bleibt der Lärm im roten Bereich. Ruhe kehrt nur an Heiligabend ein. Stille Nacht ist im Bahnhofsviertel nur einmal im Jahr.

Hochsitz über
der Elbestraße.

Billig-Wohnungen
erkennt man an
den alten Fenstern.

RCELONA

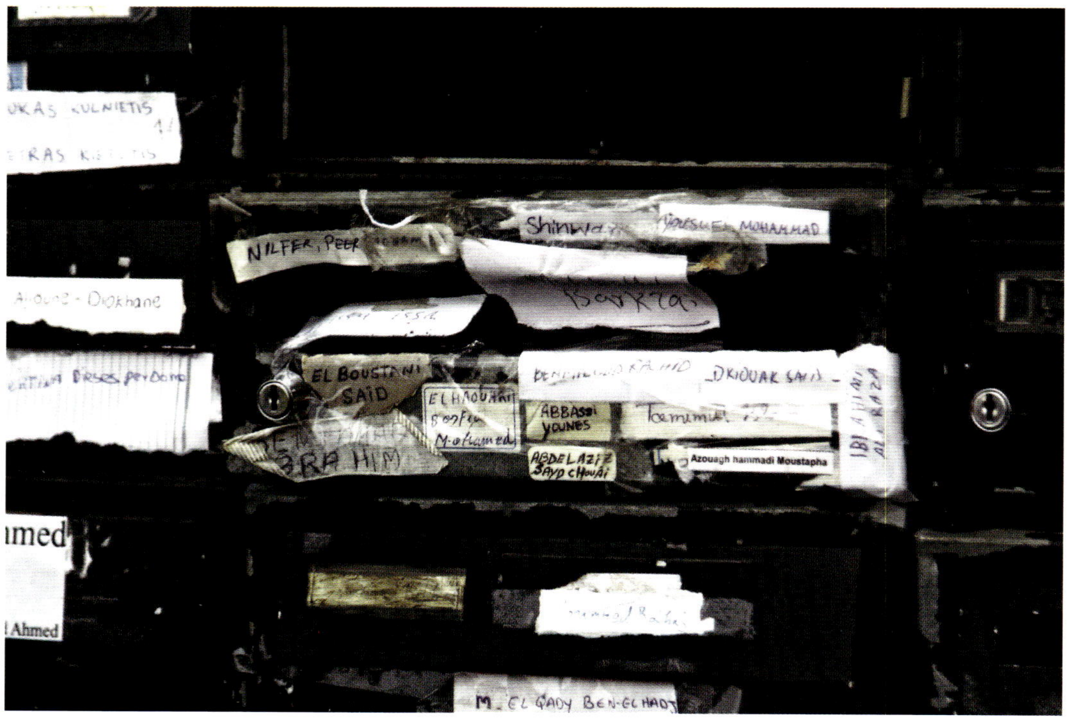

Briefträgers Alptraum: Postkästen vor einem Männerwohnheim.

Grillhähnchen
Hauptbahnhof /
Münchener Straße
11 12
Chicken Kebap
Helal Gıda
PENSION
MOSCHEE
Ein-u. Ausfahrt
Tag u. Nacht freihalten
AL-HARAMAIN TRAVEL

PEARL
LEIERKASTEN
BINDING

Bis zu 60.000 Gäste besuchen die jährliche
Bahnhofsviertelnacht im August.
Da staunen die Frauen in den Laufhäusern.

Hotel „Villa Oriental".
Rechts: Szene-Herberge „25 Hours – The Trip" mit Hüttensauna auf der Dachterrasse.

Logenplätze: Balkon, Münchener Straße und Dachgarten, Hotel Nizza, Elbestraße (rechts).

schau fenster

Der Blick auf das Bahnhofsviertel ist ein Schaufenster auf alle Kontinente. Menschen aus mehr als 100 Nationen sind hier zuhause. So vielfältig wie die Bewohner ist auch die Küche. Im „Kakadu" brutzeln Kängurusteaks. „Big Mama Afrika" bietet Alligator-Pfeffer feil. „Chicago Meatpackers" zeigt Flagge für Amerika. Es gibt pakistanische Mangos, „Full Irish Breakfast" und Tee aus 1001 Nacht. Das „YokYok" schenkt Windhoek-Bier aus Namibia und 300 weitere Marken aus. Die Jambo-Bar 360 Sorten Gin. Die deutsche Küche beginnt beim Schmalzbrötchen im „Obdachlosentreff". Sie gipfelt im Fünf-Gänge-Menü des Ein-Stern-Restaurants „Weinsinn" gleich gegenüber. Gefastet wird auch. An Ramadan. Am Ende des Fastenmonats laden Händler und Gastronomen zum Fastenbrechen auf die Elbestraße ein. Ein Schaufenster ist auch das kleinste Örtchen im Kiez. Manga-Figuren, Muppets und Michael Jackson dekorieren das bunte Klo der Szenebar „Pracht".

Fensterlein, Fensterlein vor der Wand:
Wer ist der Schönste im ganzen Land?

Publikumsmagneten heute
und gestern: Kultkiosk „YokYok“.
Stern-Restaurant „Weinsinn“.
Schriftzug der einst legendären
Milieukneipe „Fischer-Stube“.

Allah ke Banday
GOLMAAL 3
NAGIN
Bobby
MY NAME IS KHAN
Albela
fanaa
LAKSHYA

Multi-Kulti-Kiosk im
Multi-Kulti-Stadtteil.

Ende der Fastenzeit:
Fastenbrechen auf der Elbestraße.

Türkischer Tee: im Glas,
auf Porzellantellerchen,
mit Würfelzucker.

COIFFEUR

Handel heißt Wandel:
Cream Music zog 2018 nach
100 Jahren ins ruhigere
Sachsenhausen. Auch
„Mama Afrikas“ Waschsalon
gibt es nicht mehr.

CREAM
music
Musikhaus B. Hummel OHG · Frankfurt am Main

Baklava und frischer Fisch:
Spezialitäten der Münchener Straße.

Sepya

EPAL

Kistenstemmen und
Kürbisheben in
„Alims Supermarket“.

Frankfurts neues Szeneviertel: Café-Bar „Plank“. „Jambo Bar“: Paradies für Gin-Liebhaber.

ROBERT JOHNSON

Klo-Deko in
der Bar „Pracht“.

The Simpsons
FOREVER
TOGETHER
Drücken
MUSIC WEEK
HOP
Starke Liebe

schau stück

Tattoos, Pferdestärken und Harleys sind Klassiker der Männer im Milieu. Für Mitglieder der Hells Angels herrscht Kuttenverbot. Symbole des „Clubs" sind im Bahnhofsviertel trotzdem präsent. „Deadheads" schmücken Haut, Textil und Blech. Die Biker gelten im Milieu als ordnende Kraft. Ihr Ruf trägt dazu bei, dass vor den meisten Bordellen Drogen weder konsumiert noch verkauft werden. Die Höllenengel – der Name stammt von einer US-Fliegerstaffel aus dem zweiten Weltkrieg – schlossen sich in Deutschland vor etwa 20 Jahren mit den „Bones" zusammen. Deren Symbol, eine Knochenhand, ziert im Viertel ebenfalls den ein oder anderen Arm oder Rücken. Nicht nur das starke Geschlecht hat seine Schaustücke. Damen aus dem Milieu sind etwa an High Heels und Chihuahuas zu erkennen. Ein bekannter Hundewinzling ist „Herkules". Er passt nicht nur auf sein Frauchen sondern auch auf Herrchen Pit auf.

Hingucker:
Cadillac „Fleetwood".

CASINO

Schwere Bikes und Pferdestärken: Synonyme für Rotlicht. Oben: Neon-Kunst von Städelprofessor Tobias Rehberger an der Pizzeria Montana.

Madame Sarka
Wet Wipes

Berufskleidung
im Milieu: Strapons
und High Heels.

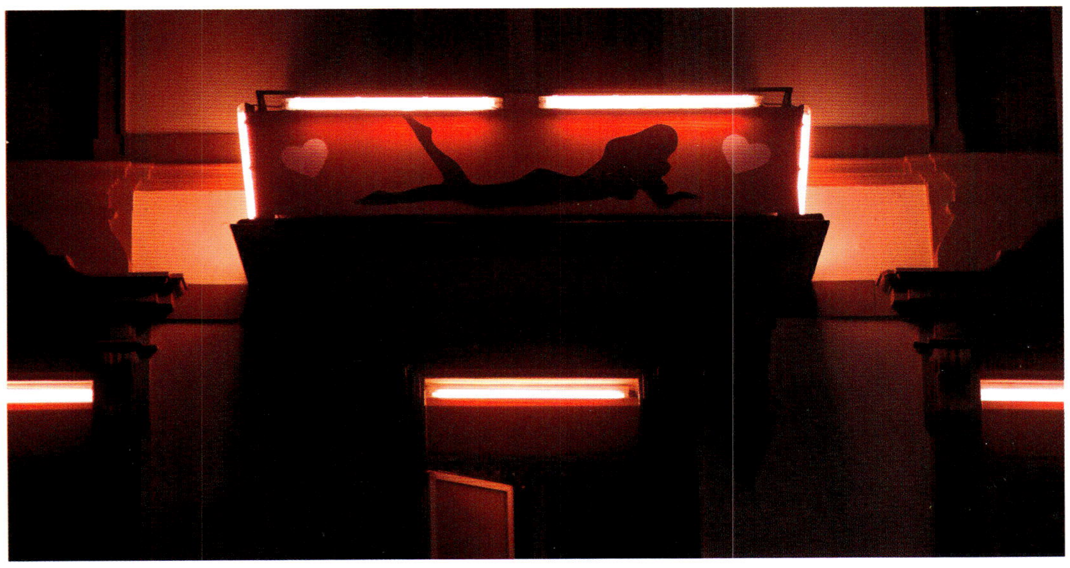

ERMANY

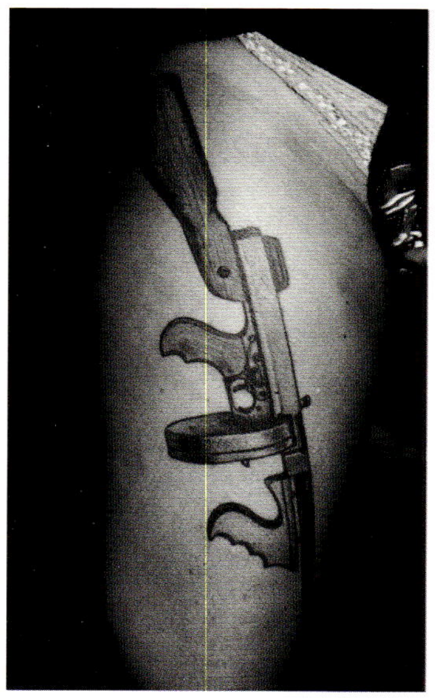

Kiez-DJ „Schnippes“ vor „Diva Monumentale“ in der „Pik Dame“. Richard Böhlig vor seinem „My Way“. (rechts). Kurven im Pure Platinum (unten rechts).

Kiez-Trophäen: Falke in der
St. Tropez-Bar. „Deadheads“,
Wappen passionierter Kiez-Biker.

schau spiel

Sinn fürs Geschäft und Schauspieltalent, ohne diese Begabungen haben es Frauen schwer, die im Rotlichtviertel arbeiten. Wärme, Liebe, Leidenschaft: Gegen Bares bekommt jeder alles – vorgespielt. „Wir verkaufen Illusionen“, bringt es eine Frau auf den Punkt. Nicht die schönsten Frauen sondern die besten Schauspielerinnen verdienen am meisten. Hohe Ansprüche stellen Männer mit besonderen Wünschen. Rollenspiele sind gefragt. Die Damen schlüpfen in die Rollen von Lehrerinnen, Tanten oder Krankenschwestern. Es geht um Strafen, Schläge, Erniedrigung. „Wir spielen“, sagen die Damen. Für sie ist es Spiel. Niemand wird ein Haar gekrümmt. Es sei denn, es wird gewünscht und dafür bezahlt.

Laufhaus „Komm“, 4. Etage.

Bühne frei: Thekentanz im „My Way" (oben links), Striptease im Pure Platinum (unten links), „Pik Sonntag" in der Pik Dame (oben) und Männerstrip im Pure Platinum.

Pole Dance in der Pik Dame (links). „Angie“ im Pure Platinum (rechts).

In der Elbestraße
tanzen die Puppen.
Party in der Bar
„My Way“ (oben rechts).

My Way

CRAZY

Im Rotlichtviertel ist immer „Luminale“ (links).
Bar-Chefin Claudia bei „Rat-Pack-Party“ im „My Way“ (oben).

.schau weise

Das Bahnhofsviertel hat viele Gesichter. Mal freundlich und lustig, mal traurig und kalt. Manche fürchten sich und wagen sich nicht hinein. Andere können nicht schnell genug dort sein. Für die einen steht der Kiez für schnelles Vergnügen. Für andere ist er die Sünde schlechthin. Das Viertel ist ständig in Bewegung. Menschen, Läden und Clubs kommen und gehen. Vor hundert Jahren war der Stadtteil das Frankfurter Luxusviertel. Dann flüchteten die Armen in die zerbombten Häuser. Das Bahnhofsviertel wurde Schmelztiegel für Menschen aus aller Welt. Heute ist es sowohl Künstler- und Multi-Kulti-Stadtteil als auch Rotlicht und Drogenmeile. Mieten und Quadratmeterpreise schnellen wieder nach oben. Wie man auch auf das Viertel schaut. Eines ändert sich nie: Das ist die dauernde Veränderung.

Flaschensammler „Obama".

„D.C." vor dem
Konsumraum.
Lena im Moseleck.
Milena auf
der Elbestraße.

Schwestern des Mutter-Theresa-Ordens „Missionaries of Charity“ versorgen Arme im Viertel.

Rindfleisch
Vegetarisch · Kräuterquark

Street-Photography-
Workshop vor der
Bar „My Way".

Buchhandlung & Verlag
Versicherungsmakler
Bestattungsinstitut
Reisebüro & Veranstalter
Geldautomat

Linke Seite:
Kunstausstellung in
der Weißfrauenkirche.
Breit aufgestelltes
Bestattungsinstitut.
Rechte Seite: Razzia
in der Elbestraße.

schau mal an

Obwohl der Hauptbahnhof zum Gallusviertel gehört, gibt er im Bahnhofsviertel den Takt vor. Bis zu einer halben Million Fahrgäste zählt der Kopfbahnhof täglich. Schon früh am Morgen spuckt er die ersten Pendler aus. Getaktet nach Fahrplänen eilen sie durch das Bahnhofsviertel den Bürotürmen entgegen. Unterwegs noch schnell ein Brötchen auf die Hand oder einen Coffee-to-go. Gegen Abend schwappt der Menschenstrom zurück. Den ganzen Tag über hält das Gewimmel an. Essen und Trinken, Feiern und Spielen, Betteln und Dealen – alles geschieht auf der Straße. Die Begleitmusik liefern ungeduldig hupende Autos, bimmelnde Straßenbahnen und – viel häufiger als anderswo – das Tatütata der Polizei. Nachts verlagert sich der Trubel vor die Szenetreffs und ins Rotlichtmilieu. „Treppensteigen" heißt es hier, wenn vom Bordellbesuch die Rede ist. Bis zu fünf Stockwerke pro Laufhaus sind zu bewältigen. Etwa 600 Frauen bieten Liebesdienste an. So herrscht im Bahnhofsviertel bis in die frühen Morgenstunden Rushhour.

Schneefall im Rotlichtviertel. Schön fürs Auge, schlecht für das Geschäft.

„Wasserball"
(Münchener Straße)

ÇIĞKÖFTEM
12 FECHENHEIM
Vegetarisch Köfte
2198

Spritztouren durch Moselstraße (unten)
und Elbestraße (unten rechts).
Koffer-Konvoi in der Münchener Straße (rechts).

Lost Places:
Moselstraße (oben)
Hauptbahnhof
(rechts und links)

HBF

Letzter Blick auf die alte Lady:
Die legendäre Pik Dame vor Abriss und
Wiederaufbau.

BAUSCHUB
Abbruch • Entkernungen • Entrümpelungen
Asbestarbeiten • Sanierungen
Ingenieurdienstleistungen
www.bauschub.de
PIK-DAME
PARKSCHEIN-AUTOMAT
Hier Parkschein lösen

PIK-DAME
Cabaret
PIK-DAME

Mixed Material Arts-Champion
Max Coga. Roberto Blanco in der
Weißfrauenkirche. Axel, Chef der
„Harley Jungs Mainhattan".

Rollstuhlfahrer
stoppt Bikerparade
„Crime City Run“
in der Taunusstraße.

ROOF

Freimaurerloge zur Einigkeit:
Illumination im Logensaal.
Gemälde mit Symbolen der Freimaurer.

schau hin

So reich Frankfurt ist, so arm wirkt die Bankenstadt rund um die offene Drogenszene im Rotlichtviertel. Am härtesten trifft es die alten Süchtigen. Viele sind seit 30 Jahren auf Droge. Gezeichnet vom Rauschgift und dem harten Leben auf der Straße benötigen sie 70 Euro und mehr am Tag nur für Crack und Heroin. Zehn Minuten dauert der Rausch. Es folgt der Absturz. Aus dem Loch hilft nur der nächste „Stein". Frauen und Männer bieten sich für fünf Euro auf der Straße an. Andere erwachen von Urin durchnässt in verrotteten Hauseingängen. Die Dealer verkaufen stark gestreckten Stoff. Zum Wucherpreis. Zehn Euro kostet ein „Stein" Crack für eine Pfeife. In den Herkunftsländern bezahlt man dafür nur ein paar paar Cent. Die Polizei kämpft gegen Windmühlen. Die Händler schlagen via Whats App Alarm, sobald sie irgendwo auftaucht. Oft deponieren Dealer die Drogen in Verstecken. Der Käufer erfährt den Ort erst nach der Bezahlung. So vermeiden die Händler, bei der Übergabe auf frischer Tat ertappt zu werden.

Sie kannte jeder: Die kürzlich verstorbene Bettlerin Mika schlief immer auf der Straße.

UNO

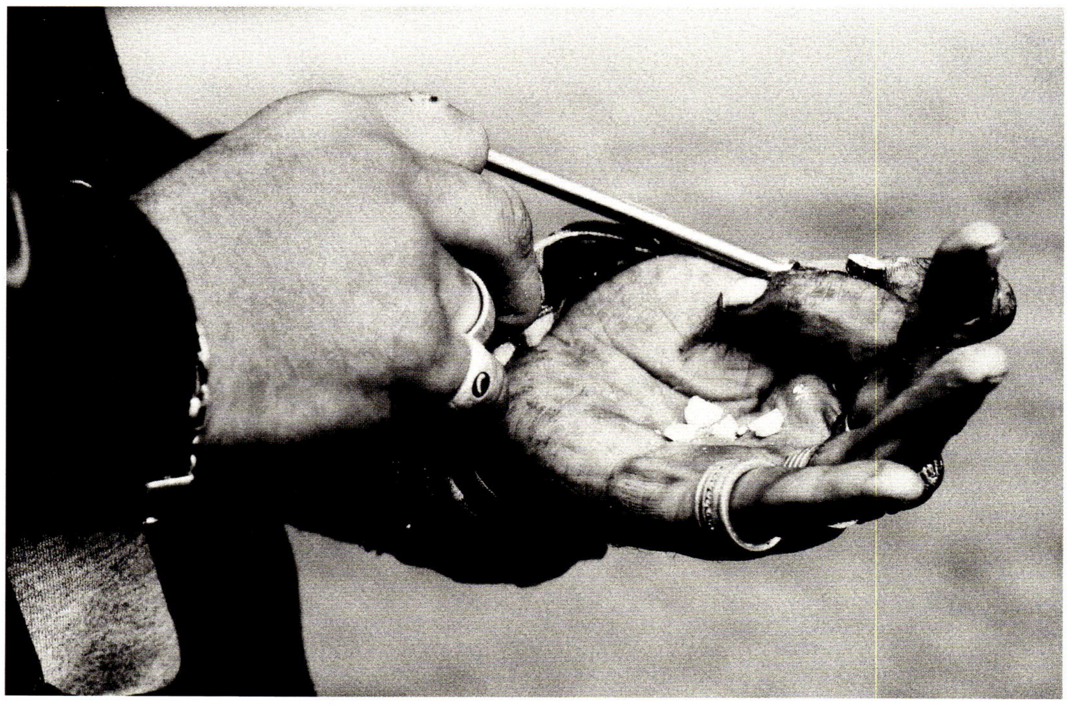

Frankfurt ist
Deutschlands
Crack-Hauptstadt.
Der Rausch dauert
nur zehn Minuten.

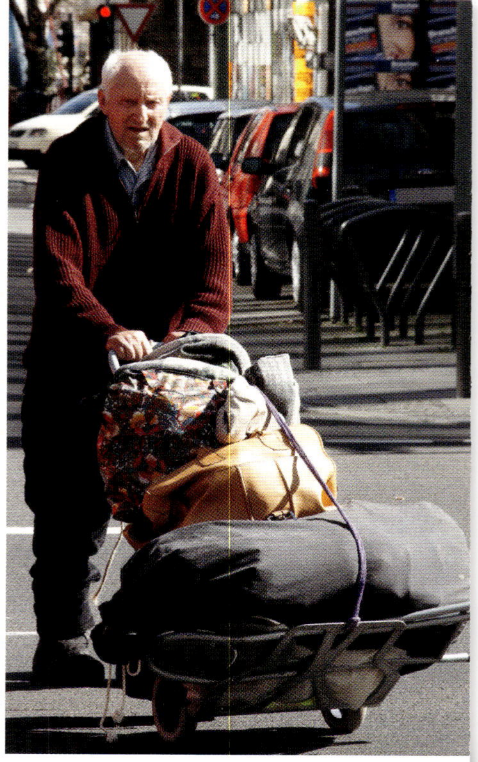

Straße der verlorenen
Seelen: Stricher.
Wohnsitzloser. Brennpunkt
Taunusstraße (rechts).

SPIELHALLE
Geldautomat
ROTES HAUS

da schau her

Ulrich Mattner (61) war früher Korrespondent der F.A.Z. Als freier Wirtschaftsjournalist berichtete er später über Börse, Banken und Business. Seine Fotos präsentierten Magazine wie GEO und Stern. Heute ist er Veranstalter von Touren durch das Bahnhofsviertel (www.umattner.de) sowie Journalist, Fotograf und Autor.